杜老师的财管

詹文明 著

東方出版社

图书在版编目（CIP）数据

杜老师的财管/詹文明 著. —北京 ：东方出版社，2011

ISBN 978-7-5060-4234-5

Ⅰ. ①杜… Ⅱ. ①詹… Ⅲ. ①企业管理：财务管理-通俗读物

Ⅳ. ①F275-49

中国版本图书馆 CIP 数据核字（2011）第 119892 号

杜老师的财管

作　　者：詹文明
责任编辑：姬　利　张　仂
出　　版：东方出版社
发　　行：东方出版社　东方音像电子出版社
地　　址：北京市东城区朝阳门内大街 166 号
邮政编码：100706
印　　刷：北京中新伟业印刷有限公司
版　　次：2011 年 8 月第 1 版
印　　次：2011 年 8 月第 1 次印刷
开　　本：787 毫米×1194 毫米　1/32
印　　张：7.625
字　　数：99 千字
书　　号：ISBN 978-7-5060-4234-5
定　　价：36.00 元
发行电话：(010)65257256　65246660(南方)
　　　　　(010)65136418　65243313(北方)
团购电话：(010)65245857　65230553　65276861

导读

自序

“财管”即财务的管理。对一家公司的财管而言，就像我们每个人身上的血液一般重要。人的血液一旦出了状况，身体肯定出问题，甚至极可能危及生命。

虽然如此，组织却有超出一半以上的领导者或经理人无法获得及时、完整而有效的“财务信息”。更甚者，竟有百分之九十以上的知识员工居然不理解，或者根本不会使用“财务信息”，这究竟说明了什么呢?

其实一点也不令人惊讶。毕竟，绝大多数的经理人都不曾接受过会计或财务分析方面的专业教育与培训。

数字会说话，但是数字也会说假话。你是否理解财务报表中那些数字的意义及其背后的玄机呢? 财务报表所隐藏的危机或机会又是什么呢? 你能听得懂会计师所作的解释吗?

这一切的一切都必须加以理解，深入且善加运用，做到人人能学，个个能懂。只有这样，才能避免公司成长茁壮却资金短缺；公司赚钱却必须调头寸、轧支票；扩充厂房却现金流量不足，银行不予贷款；因一笔呆账导致公司经营不善，最终付出惨重的代价。

这些不是“财管”惹的祸，而是我们忽略“杜老师的财管”的重要。

詹文明

2011年3月于台北

"知识员工"为何也要了解财务

“财管”，顾名思义即“财务管理”的简称。财务管理固然是身为财务人员的主要任务，但如今企业面临着强大的竞争、快速的淘汰及微薄的利润，稍一不慎即可能跌落深谷。
为此，企业内的知识员工除了必须拥有专业之外，还需具备财务的解读及判断能力，尤其身为高阶主管更是如此。诸如营业额提高为何还不赚钱？公司赚钱却要调头寸，这是为什么？老看银行的存款簿，是看不出名堂的。

九六三数位化科技集团
九六三数位化科技集团，号称实力雄厚，行销全球。
杜老师：
开明而务实，保守又创新，世界级 CEO 咨询顾问，且充满智慧的经营管理权威。
了了：
了尾的唯一下属，身高两米零八，人高马大，身怀绝技。获得美国西北大学消费者行为博士学位。
了尾：
了然的下属，取得美国哈佛大学企业管理硕士 MBA 学位。但与了然难以沟通，关系一直紧张。
了然：
“九六三数位化科技集团”亚洲区总裁。素有“推销高手”的美誉，业务的实战经验十分丰富。但是与下属员工关系十分紧张。

依约到来，三个人心情十分激动，期待杜老师的“智慧”引导与教诲，盼能提升总体生产力与财务绩效。

老师早，真高兴又见到你！

大家早，有什么疑惑呢？

老师，您不是说过企业经营的真正目的是“创造顾客”吗？
既然是创造顾客，又何来财务管理？
知识员工为何也要了解财务呢？

经营企业就像不能蒙着双眼开飞机一样。
我明白了，就像人不能不做体检一样。

了解愈多的财务资讯，愈能激发自己对公司的责任感。

资讯愈多愈正确，就有助于掌握时机，创造顾客。

“创造顾客”有赖正确的财务资讯提供与判断。

两者既不冲突，又能相辅相成。

财务人员不是来讨好别人的，
而是要做对财务的管理

过去我对财务人员有刻板的负面印象。
为什么呢?
正大光明
肃静
“报账”就像向衙门官府交代一样，怪难受呀。

要求严谨，力求无错误，难道有错吗？
老师，您怎么会读心术哦！
其实杜老师真的会读心术（那是不可能的）

财务人员通常不擅
人际关系的技巧。
一语道破，
果然不凡。

给他们上上课、搞搞培训吗？
不完全是……
先从自己的心态与行为做起。
你说的是。

我懂了，负面的反射往往是因己而起。
可是对方也要有正面的反馈才行啊。
“没有单纯、良善与真实，就没有伟大”。

所以，伟大必须是立
基于自己的单纯、良善
与真实的心之上。

孺子可教也。

哦，我终于明白其中的哲理了。
什么哲理呢？
作为人总是要求别人多，忘了改变自己。

人都是在互动
中才能成长。

“唯有高度自我
期许，才有可能
高度成长”。

你们说的是。

财务人员不是来讨好
别人的，而是要做对
财务的管理。
棒极了。

德国的面包师都必须进修会计课

换言之，我们要化被动为主动吗?
你说的是。

主动学习与财务有
关的资讯呀。

外行人解读财务，
认识会计？

就像德国的面包师必须进修会计一样。
如此才能做出精准可口的面包来。

是否这样才能掌握
成本与效益呢？
或是作为未来创业
开店之所需吧！
关键在于为了做对
“决策”之所需。

难怪杰克·韦尔奇当初也在学“如何读懂财报”。
杰克·韦尔奇
因而解决了通用电气的现金流量问题。
挽回了投资者的信心。

股价反映了公司的实质经营绩效。
0.1 0.15 0.17 0.5 0.2 0.25 0.34 0.52
05 06 07 08 09 10 11 12 13 14
可见财报对一家公司的影响力有多重要。

学习财务最有效的秘诀是从财务三表与三数字切入

要了解一家公司经营的概况，如何切入较准？
九六三数位化科技集团
有没有速成班呢？

需要多长的时间
才能学会呢？
最快最有效的秘诀
便是从财务三表与
三数字切入。

是损益平衡表、资产负债表……还有呢?
损益平衡表
资产负责表
“现金流量表”。
现金流量表

是谁发明了这三表呢？
是由 IBM 公司莫伯里先生（Lou Mobley）所创。
莫伯里
IBM

为什么是这
三表呢?
这是了解一家企业
在一年内的完整财
务报告。
熟悉三表便等于掌握
了公司的经营概况。
恩，是这样的!

应该包括一份损益表、一份现金流量报告以及两份资产负债表（年初与年终）。
原来是三加一呀。
其实严格说来还是三表。

“损益表”是公司在一个固定期限内的盈亏状况

我迫不及待想一窥究竟。
什么是“损益表”呢？
“损益表”即公司在一个固定期限内的盈亏状况。
800
700
600
500
400
300
200
100
1 2 3 4 5 6 7 8 9 10 11 12 13 14 15

包含哪些项目
与内容呢?
包括营收、营运或
利润与损失等内容
报告。

什么是“折旧”呢？
是估算设备的使用年限，再将成本逐年平均分摊。

比如开家餐厅要1000 万元的装潢费用，如何估算使用年限?
1000万

通常以该装潢的使用寿命期限为依据。

寿命期如何估算？
可按个人主观与客观来认定。
大约 5~6 年。
即每个月折旧分摊金额为三万元左右。

什么是固定成本与
变动成本？
两者有何不同？
“固定成本”即短期
内不会随着产品或服务
的量而改变的成本。

反之，便是变动成本。
你说的是。
哈
哈
哈
哈
哈
哈
哈
哈
了尾，你真聪明！

“净利与毛利”
又有何区别?
“净利”即税
后纯利。
税
反之，就是“毛利”。
……
我真是太聪
明了！！

“毛利”则是指营运收入扣除利息与其他支出。
净利又称为底线。
“净利”所衡量的是公司在特定期限内创造了多少财富。

损益表
若损益表最后一行数字是正数的话，则代表了公司赚钱。
你说的是。

如此一来，代表了公司既可生存又能发展了。
不知道你又说什么！
应该不是这样，只不过我说不出个理由来。

“损益表”与公司实际上的现金进出没有关系

“获利并不代表可
以生存或成功”。
我不理解！
为何是这样呢？

“因为损益表记录的是营收与支出，跟现金毫无关系”。

你笨呗！
这么简单，我怎么没有发现呢？！

可是明明是赚钱啊。

那么钱去……哪里了？

损益表与公司实际上的现金进出没有关系。
我弄明白了，钱进入了股东的口袋了。

“虽然公司赚钱，可是一天没有现金，公司便不能生存”。
难怪有人铤而走险、以债养债。
有人与地下钱庄交易，仿佛与鬼取药。

负债经营并不可取。
你们说的是。

可是公司没有获利
又怎么生存呢?

CLOSE
公司亏损连连不就
该关门大吉吗?

“公司虽没有获利，但依然可以持续运营很久”。
因为公司拥有足够的现金。
孺子可教也。

那么损益表的最终数字就算是正数，也先别高兴得太早。
也不可以就地分红，不管公司死活。
公司利益

先查查现金流量有多少。
“唯有正确的财务概念，才有健康的企业”。

损益表让我们认清公司的“现状”。
损益表指出了“开源节流”的信息。
透过损益表找出策略经营的目标。

“损益表”是个抽象概念，却是个很有用的抽象概念

“数字终究是数字，真相
都隐藏在数字的背后”。
……

真是高明极了。

因为“真相往往靠近智慧”。

真相则是人与人之间的行为。

对内而言，便是团队的生产力。
对外则是与客户互动的结果。
从自己做起，从协助别人开始。

其本质则在于“人对了，
事情也就跟着对了”。

为此，损益表是
个抽象的概念。
却是个很有用处
的抽象概念。

如何懂得加以善用
该抽象概念。
将概念具体化、
具象化。
最重要的莫过于
具体行动化。
2010
1
每月做损益表，每年、
每三年……依此类推。

老师，我们共进午餐。
好的，谢谢！

健康饮食，保持身体的酸碱平衡

老师您多久做
一次体检？
每半年一次。
全身吗？
可以这么说。

现代人病愈
来愈多。
甚至罕见的疾
病也变多了。
“人体酸化”乃现代
人的百病之源。

所以，人体应该
呈现碱性吗？
健康人的血液是
呈弱碱性的。
PH 值大约
是多少？
7.35~7.45 之间。
7.35~7.45

呈酸性体质是
如何造成的?
包括饮食不良、运动
不足、心理负担、不
良嗜好、污染等。

偏酸性会有什么后遗症？
易疲倦、四肢无力、头昏、耳鸣、腹泻、便秘等。

严重的会变成何种病症?
骨质疏松、动脉硬化、肾结石、痛风、胃溃疡及癌症。

癌症跟酸性体质有关吗？
日本医学博士柳泽文正找 100 位癌症患者验血。
结果如何?
百位癌症患者的血液都呈“酸性”。

我们该怎么办呢？
如何“减酸”？
“由酸入碱”要做些什么？
从四个方面着手，愈快愈好。

第一？
“乐观、积极的心理态度”。

第二?
多做“有氧运动”。

第三？
“保持良好而正确的生活习惯”。

第四？
最有效的莫过于“多吃碱性食物”。

为何最为有效?
因为直接改善体
内的酸性环境。
什么样的食物是
碱性食物?
“海带”可以说是
碱性食物之王。

还有哪些?
有茶叶、天然绿藻、葡萄和葡萄酒等。

反之，就要少吃
酸性食物了！
像肉类、蛋黄、乳
酪、白糖、西点、
乌鱼子等。

身体易发酸的“四族”

什么样的人身体
较易发酸?
共有四族。
第一族?
“熬夜一族”。

第二族?
“消夜一族”。

第三族？
“不吃早餐一族”。

第四族又
是什么？
“精食一族”。
我似乎是“四族
一家”。

什么意思?
我都有四族的特点，怎么办?
A.M.7:00
P.M.9:00
P.M.12:00
一样一样来，
一步一步改。

我拥有三族喔！
我是精食之族，今后要多吃“粗粮”。

据研究人员指出：“人到 25 岁时，血液开始酸性化”。

我都三十出头了，再不警醒，恐怕要等验尸报告了。
真是一大收获。

老师，难怪您多吃碱性食物，少吃酸性食物。
蔬菜
能知要能行。

您先休息，下午两点见。

何谓“现金流量表”

老师，您针对损益
表还有什么要提醒
我们的？
记住，损益表只是
一个抽象的东西。
“净利”？

“净利”也是一个抽象的概念。
仅止于数字罢了。
当然是极有参考的价值。

何谓“现金流量”？
“现金流量报告即明白显示在特定期间内公司的现金活动”。

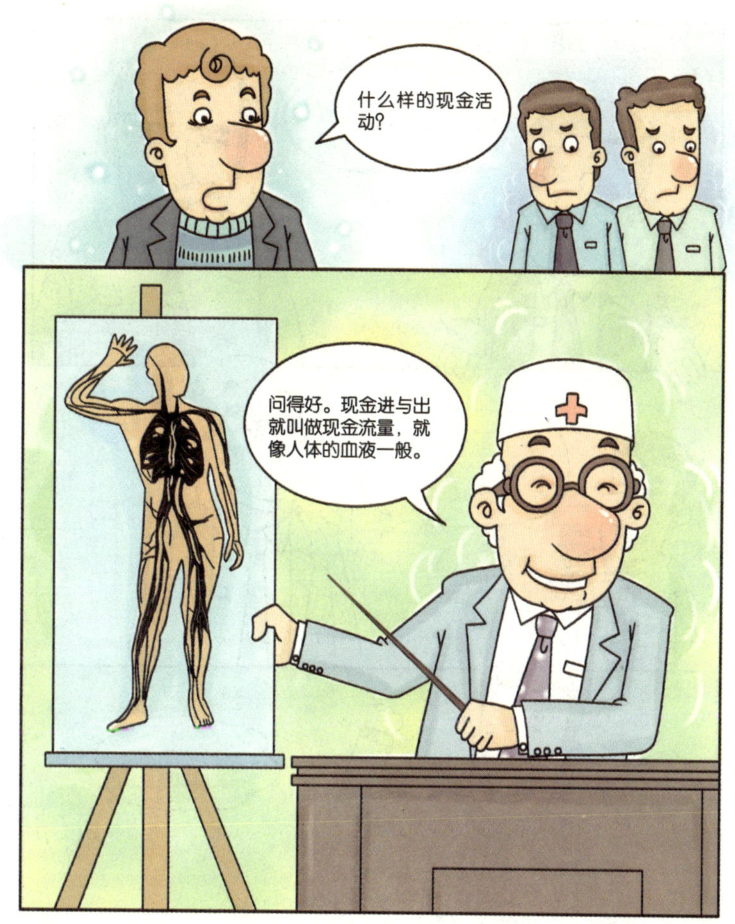

什么样的现金活动？
问得好。现金进与出就叫做现金流量，就像人体的血液一般。

杰克·韦尔奇为
何会去重视？
因为现金流量报告评
估的是身为 CEO 将获
利转为现金的能力。
为此，公司不能
一天没有现金。

“现金流量是公司的生命线”。
如何证明？
公司赚钱却还要调头寸，这是为什么？
缺少现金呀！

又比如，公司生意相当好，银行却不同意贷款建厂，为什么？
也是缺少现金么？
原因可能很多，但少了现金流量是关键主因。

营运＋投资＋融资＝现金变化

“现金流量表”
代表了什么？
现金流量表的
报告是一份独
立的财务报告。
究竟包含有哪些？

直接现金流量报告
表可分为三大类。
第一类?

“营运现金流量”
即公司每天经营
的成果。

第二类?
“投资现金流量”即记录所有花在固定与无形资产上的现金。

有包括出售固定与无形资产所得的现金。
SALE
你说的是。

第三类又
是什么？
“融资现金流量”。
愿闻其详。

即贷方与投资股东挹注的现金减掉公司支付给贷方与股东的现金。
三者之间的关联性为何？
营运+投资+融资=现金变化
营运 + 投资 + 融资 = 现金变化。

如何来解读?
所有的现金数字不
是正数就是负数。
1
-2
2
-5
-76
3
10
-1
5
0

如何分辨?
正数表示现金增加，负数则代表现金减少。

……

营运现金、投资现金和融资现金哪个重要

三者何者重要?
“营运现金流量是公司的生命源头，是最重要的一行数字”。

"投资现金流量"难道不重要了吗?

不,重要。它最重要的数字是公司在固定资产的花费。

例如什么？
写字大楼、工厂、土地、房产等固定资产。

这些数字有何作用?
它是用来衡量公司对未来投资的指标。

如何衡量?
企业经营不该投入现金于不动产上。

不动产既能保值，又能增值，有何不可?

做企业不该炒地皮。
有什么错呢？
最终不是因为炒地皮不但赚不到钱，反而伤及企业，就是……
就是什么？

因为现金流量短缺，导致公司由于周转不灵而倒闭。
过去我们集团就曾犯过这样的错……
后来呢？
后来被兼并了。

“勿口袋有钱胆子就变大”。
那么能租到厂，就不要自己建厂吗？
你说的是。

能外包就不要租
厂生产吗?
就像苹果电脑、耐克、戴
尔公司一样外包生产。
NIKE

“融资现金流量”又怎么看呢？
它显示公司对银行和投资人资金的依赖程度。
所以，融资愈少，其依赖就愈低吗？

虽然如此，但是……
是否有个前提呢？
“企业的营运现金流量大于投资现金流量，才能降低对外部资金的依赖”。
500
400
300
200
100
营运现金
投资现金

若“小于”该
怎么办呢？
公司高层就要有计
划地偿还贷款。

……
……
BANK

可是现金流量
不足怎么办?
垃圾桶
只有融资一途，但
其结果就不乐观了。

解决之道只有强化
营运现金流量。

改变策略，提供愿意提
早付款的客户以折扣优
惠。

掌握现金流量原来是这么重要。
是的，为此要确切地掌握现金从哪儿来，以及用到哪儿去。

企业现金收入的三种来源

现金如此重要，企业现金从何而来？
企业现金收入来源有三种。

第一种是“营运现金”的收入。
你说的是。

第二种是银行和固定的收入吗?

是的，是贷方和股东的融资现金收入来源。

第三种？
“出售资产”的现金收入。

我们如何来结
算现金呢?
好问题，结算现金
等于原始现金加上
现金变化。

意即将原始现
金加上营运、
投资、融资加
总的变化。
原始现金加上营
运、投资、融资
加总的变化。
真有概念，孺
子可教也。

直接现金流量报告
是身为企业 CEO 必
看的报告。
这是当初 GE 公司
的杰克·韦尔奇所
疏忽的环节。

这是我的任务之一，我把它记下来落实。
至少每季检视一次。
我每月必看，列为重点财务项目。
很棒，好的开始。

直接现金流量才是真正反映现
金流量的报告

老师，直接与间接的现金流量报告有何区别？
间接现金流量报告只是会计师的说法。

直接现金流量报告又代表什么？
直接现金流量才是真正反映现金流量的报告。

若公司拥有足够多的现金闲置，该如何处理呢？
好问题，却没有答案。

可以做有效的
转投资啊？
我却有些可行
的方案建议。
说来听听呀。

第一，拨出预算作为“人才培育基金”。
很酷的构想。

第二，成立“创新与创业基金”。

酷呆的点子，找喜欢。

第三，拨专款创立“企业转型研发基金”。
企业转型研发基金

极佳的方案，我们可以来做。

直接现金流量有三大特性，值得注意。
第一？
明确在特定期间内每日营运所得的现金，显示是正数或负数。

可作为预警
机制。
你说的是。

发现敌机！
报告，发现
敌机！

第二？
显示多少现金是用于投资、借贷或支付借贷与投资人。

便于掌握借与还之间的消长关系。
一针见血。

第三特性?
显示现金进账是否多于或少于现金支出。

及时地掌握确切的金额是多少，以利决策时的判断。
不愧是总裁。
谢谢老师的勉励。

营运现金流量为正或为负关系重大

“营运现金流量是否为正数或负数至关重大”。

若正数就代表健康正常。
若负数便是有问题了。

不是市场出状况，再不然就是内部人的问题了。
你判断的不错。

若营运现金流量大于净利便是健康正常吗？
是的，的确是。

若小于净利，就是健康异常了吗？
是的，高管必深入探究为何获利无法转成现金。

究竟是哪儿出
问题呢？
即经营者与经理人未
做好“存货与应收账
款”的管理工作。

若营运现金流量大于固定资产的投资呢?
即表示你投资的资金来源是来自于公司内部。
若不是，资金是来自于公司的外部。
你说的是。

所以，要谨慎行之。
负债经营不足取。
我终于明白人体血液与公司现金流的妙喻了。

有了损益表的概念，加上现金流的基本认识受用极了。
如何将获利转成现金流对我的帮助极大。

什么是“资产负债表”

接下来，什么是“资产负债表”呢？
即记录资产与负债的平衡关系吗？
……
你要这么说我也无法反对。

怎么说才对?
严格说来，是显示东西与人的关系。

不明白，不理解。
……
资产
负债
因为资产代表“钱”，
负债代表的是“人”。

“钱”是东西，“人”不是东西。
这是你说的，跟我无关（开玩笑的）。
我还是一头雾水呀！

这些人即企业的债权人。
是债权人与资产之间的借贷关系。
你说的是。

为此，负债栏上的数字又代表着什么？
代表着拥有企业股东权益的人手上所握有的价值。
“股东权益”怎么理解？

"股东权益"即等公司付清所有负债后所剩下的钱。
能否更清楚地说明?
企业在计算过所有积欠债权人的负债后，剩下积欠股东的部分。

所以，资产等于负
债加上股东权益。
极有财务概念，亦即
资产与负债要平衡。

股东权益与资产

那么，股东权益究竟包含有哪些？
问得好，包含有普通股与已缴股本及保留的盈余。

何谓“资产”？
即所拥有及使用的东西，其价值可延伸到未来的均是。

“流动资产”又是指什么？
即现金与现金等值、应收账款、存货与应收票据。
流动资产
现金与现金等值
应收账款
存货
应收票据

“非流动资产”
是什么东西？
即无法在十二个月内变现的资产。
哦，我懂了，这是为什么不要把现金投入不动产的真正原因。
一语道破。

如何分辨长短期的资产？
短期资产就是列在总固定资产的前一列数字。
长期呢？
则是列在净固定资产的下一列数字。

“总固定资产”是什么？
它包括土地、厂房与设备等。

估算基准如何？
以当时购买的所付成本为基准。
难怪有所谓的“历史成本”。
你说的是。

什么是“净固定资产”？
将原始成本扣除积累折旧即是。

“总资产”又代表什么？
总资产等于净固定资产加上公司商誉。

“公司商誉”？
即常见的无
形资产。
包括哪些？
有顾客资产、专业
实力、核心能力及
品牌价值等。
顾客资产
专业实力
核心能力
品牌价值

公司的历史长短？
利弊互见。
历史悠久即包袱重，历史短暂则轻省。

悠久的历史、百年大业，自然是风光绝代。
但刚创业的公司身轻利落，爆发力强。
极有文学素养，具诗情画意。

流动资产、流动负债、速动比率、平均资产、资产报酬率与资产周转率

我不懂什么叫做“流动资产”。
我对“流动负债”不理解。
“应付账款、应付税款与其他负债称为流动负债”。

反之，便是流动资产。
是的，即现金与现金等值、应收账款、存货与应收票据等。

为什么银行人员要看公司的“速动比率”？
“速动比率等于现金加上应收账款，除以应付账款加上其他流动负债（又称酸性检验）”。
其结果会是如何?

若大于1，便是银行会同意贷款融资。
若小于1呢？
即公司处于负债经营。
其实是表示现金不足之意。

所以，财务人员要看的是偿债能力与流动资产。

“平均资产”定义为何？
即将这段时间起的资产值，加上该段时间结束时资产值的总和除以 2。

“资产报酬率”为何?
“资产报酬率等于销货报酬率乘上资产周转率”。

古训："本大利大利不大，本小利小利不小"。
这正是说中"资产周转率"的概念。

能否请老师
解释？
help!
help!
help!
……
“资本额愈大其回收
得愈慢，反之，回收
资本则愈快”。

因此，资产周转率愈高，
其资产报酬率就愈高。
孺子可教也。

互为杠杆原理。
给我一个支点，我可以撬起整个地球。
维持资产量不变，但增加营业额，其报酬率也就高。

要不然维持营业
额不变，但减少
资产量也行。
可是要维持营
业额不变，难
度很高。

“最佳之道是增加营业额，且减少资产量”。
最佳之道：增加营业额，且减少资产量。
这是任何大小企业应该坚守的不二法则。

股东权益报酬率与资产负债表

向来股票市场重视的是“企业的获利率”。
股东也不例外。

为此，什么是“股东权益报酬率”？
“即经营者与股东所投资的每一块钱，到底可以带来多少获利”。
所以，经营企业唯一正确而有效的定义是：“创造顾客”。

对顾客来说，“半成品几乎是没有任何价值可言”。
对公司而言也是一样。
对股东更是。

对了，“资产负债表”是什么？
又称为“财务地位表”。
是指公司的财务处在什么位置上吗？
财务处
也可以这么说。

到底是什么？
即所呈现的就是在那一天公司主要的财务资讯概况、处境与结果。

财务三报表的关联性

财务三报表之间
有什么关联性?
“只要从损益表
与现金流量表上
选取适当的数字
作加减……”
会变魔术，行神
迹吗?

几乎可以完全解释“资产负债表”的每一项变化。
真神奇！
这也是财务人员唯一的乐趣所在。

除了这三表外，还有三项最终数字呀！
财务三报表是很好的工具，但只是分析企业的起点。

关键在于如何作有智慧的解读和判断。
好记性，但要会善用。

简化财务报表的三个终极数字

老师，哪三项
最终数字?
永远要记住，第一个最
终数字是“净利”。
在损益表的最
后一行数字。
当然是税后
纯利。

是营运现金流量为正数。
你们实在十分优秀。
谢谢老师。

第二个幸运数字是什么?
第二个最终数字便是“营运现金流量”。
我就这样想的。

营运现金流量
务必是正数。
意即所赚的现金足
以支付各项营运所
需的支出。

第三个最终数字是"资产报酬率"。
即把损益表上的净利除以平均资产。
能否举例说明?

有家公司起初投入 100 万元创业，年终前又投进 100 万元。
1月
12月
为此，平均资产为 110 万元。

若净利为 10 万元，
除以 110 万元等
于 9%。
10万÷110万=9%
亦即该公司的年资
产报酬率为 9%。
你说的是。

为什么是这三个最终数字呢?
这是用来评估一家公司的优劣强弱的主要依据。
难怪兼并公司会以这三个数字作为全盘评估的标准。

在激烈竞争的市场上，更要懂得财报

当然还须参考无形的资产部分。
处在这么激烈竞争的市场上，更要懂得财报。
竞争压力大，为因应这个挑战，我们要削减开支，如何着手？

竞争压力大从什么时候开始？
若干年前就发生了。
当时采取什么样的做法？
全球裁员 15%。

成效如何?
短期有效，长期有反效果。

800
700
600
500
400
300
200
100
1 2 3 4 5 6 7 8 9 10 11 12 13 14

接着又采取了什么措施？
随后为了安抚民心，又加薪 10%。

结果又如何？
结果每况愈下。
现在该采取什么
样的行动?

我懂了，做好
财管。
做对三个最
终数字。

从自己做起，压低资产，提升产值。
财管不是财务人员的专利，而是人人有责。

这是一堂极有价值的课。
是我在哈佛大学学不到的财务概念。

早知道就无需付出
如此高昂的学费!
每位知识员工要成
为自己职业生涯中
的 CEO 了。

“杜老师的财管”是每一位知识员工的必修课

“杜老师的财管”不是给财务人员所设计的，而是为包括财务人员与所有知识员工精心设计的财务概念与实务应用。

唯有跨领域的知识与概念，才能让自己的专业与技能发挥巨大的效用与贡献。人人要懂但无需像财务人员一样会具体操作。

为此，“杜老师的财管”事实上只是普通常识而已，但却要超出财会专业的宏观，让人耳目一新，受用不尽。老师，我们感谢您的带领和不一样的视野，从而给了我们重新定位自己与发展的机会。

再见吧！老师。